9-1

# くらしの形見

9-2

くらしの形見

9-3

くらしの形見

9-4

くらしの形見

FRAGIL
FRAGIL
JAPAN·ALPINE TOUR SERVICE CO.LTD.
Hotel Norge
UNITED STATES ANTARCTIC RESEARCH PROGRAM
USARP
NATIONAL SCIENCE FOUNDATION
OBEROI GRAND

9-5

くらしの形見

9-6

くらしの形見

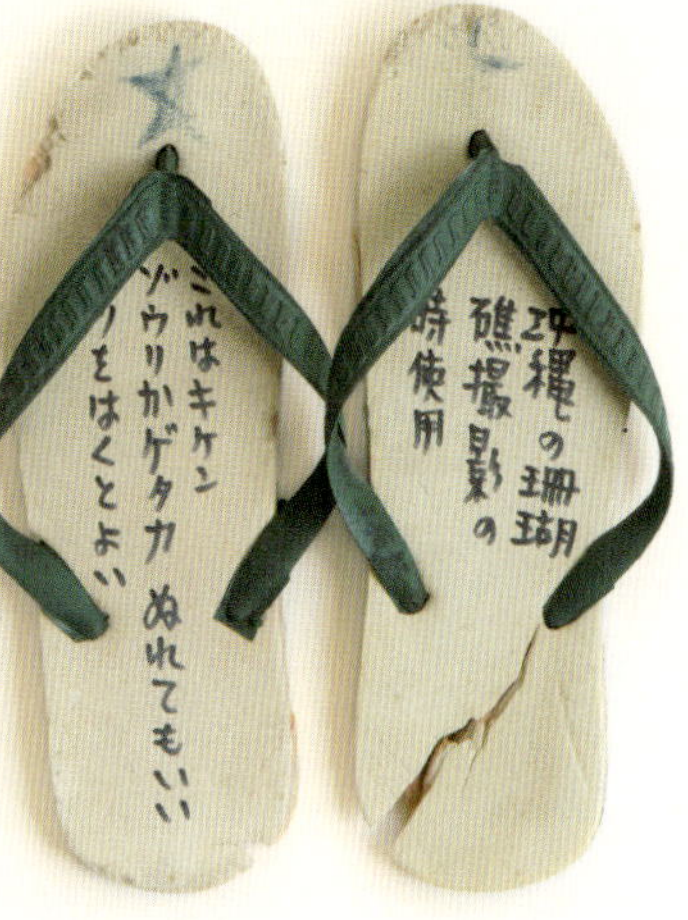


9-7

くらしの形見

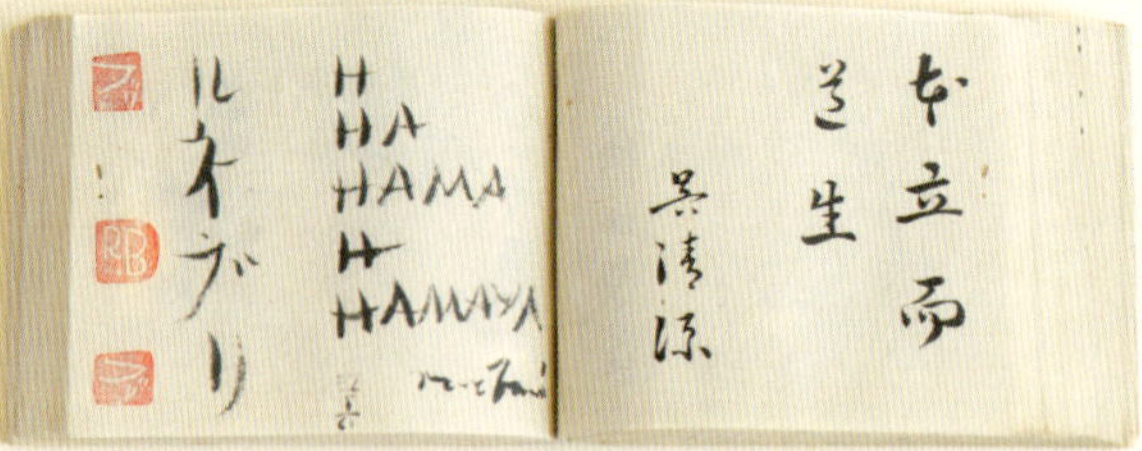

9-8

くらしの形見

# 濱谷 浩

MUJI BOOKS

## くらしの形見 | #9 濱谷 浩

濱谷 浩がたいせつにした物には、
こんな逸話がありました。

9-1 | **ライカM3**
愛用のカメラはライカ。レンズはズミルックス50mm。
1961年製のブラックモデルはプロ写真家向けの特殊仕様です。

9-2 | **ジーンズの三脚袋**
朝夫人がジーンズで仕立てた三脚袋。過酷な取材に持ち歩き、
擦り切れたら当て布をしましたが、それでもまた破れました。

9-3 | **マグネシウム発光機と防火手袋**
この発光機で夜景を照らし、『雪国』の鳥追い行事を撮影しました。
「ハマヤ」と刺繍された防火用の手袋は朝夫人の手製です。

9-4 | **MAGNUMのヘルメット**
国際的な写真家集団マグナム・フォトの報道用ヘルメット。
60年の安保闘争や学生運動の取材時に着用しました。

9-5 | **七大陸周遊のトランク**
70年代に七大陸の撮影行で愛用した革のトランク。
世界中のホテルや航空機のトラベルステッカーが貼られています。

9-6 | **沙漠のバラ**
『AMERICAN AMERICA』の全米一周自動車旅行の際に手に入れた
アリゾナ州の沙漠の結晶石。バラの花状に結晶した鉱物です。

9-7 | **ゴム草履**
『日本列島』で沖縄の珊瑚礁を撮影するときに履いたゴム草履。
「ぬれてもいいクツをはくとよい」とのちにペンで書き入れました。

9-8 | **大福帳『福縁随處』**
30歳の時から持ち歩いている撮影台帳。写真家ルネ・ブリや
棋士・呉清源など百余名の学芸諸家の自筆が記帳されています。

撮影 | 永禮 賢、サイトウリョウ

# 目次

HIROSHI 0

図版番号は、一五二ページの「逆引き図像解説」をご参照ください。

# 濱谷　浩の言葉

人間は、いつか、自然を見つめる時があっていい。

『日本列島』一九六四年

青森、秋田、山形、新潟、富山、石川、福井、京都、
兵庫、鳥取、島根、山口、
北緯四十一度十五分から三十四度二十四分まで、
四年間数十回にわたって歩き回った。
地域の差は歴史の時間の差でもあった。

『潜像残像』一九七一年

HIROSHI
1

私はひたすら野生的勘で写真を撮ってきたような気がします。

『潜像残像』一九九〇年十二月

HIROSHI
2

私達の家族の祖先が、
どのような環境で、
どのような生活を営んできたか。
それは現在につながる問題であり、
未来への道程ともなるものである。
私は民俗学の協力を得て、
常民の過去を探り、
現在を目撃し、それを記録した。

『日本列島』一九六四年

# HAMAYA'S JAPAN

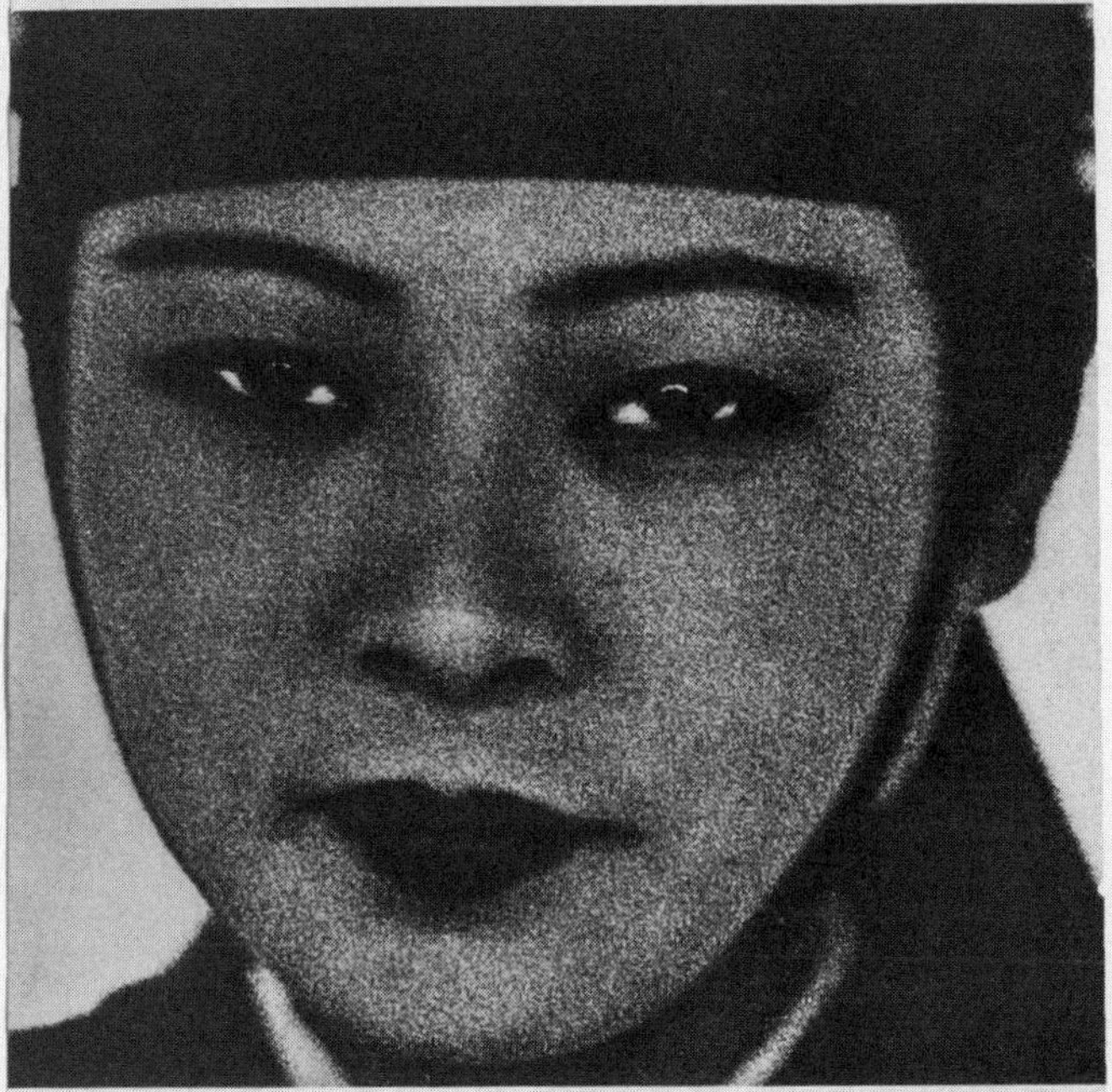

A PHOTOGRAPHIC EXHIBITION
by HIROSHI HAMAYA

**JANUARY 31 — MARCH 14, 1969**
Tuesday-Friday: 10-2
Saturday: 11-5; Sunday: 1-5

**ASIA HOUSE**
112 East 64th Street
New York City

HIROSHI
4

写真は一種の残像であろうと思います。
その残像が時間の累積であったり、
空間の広がりを見せる量であったりするとき、
そこに写真の機能の素晴らしさが現れるように思います。

『潜像残像』　一九九〇年十二月

HIROSHI
5

新聞記者団が招かれたときには
「晴れ着の中国」を見てきたのだと報道された。
私はできることなら
「ふだん着の中国」が見たいと思った。

『潜像残像』一九七一年

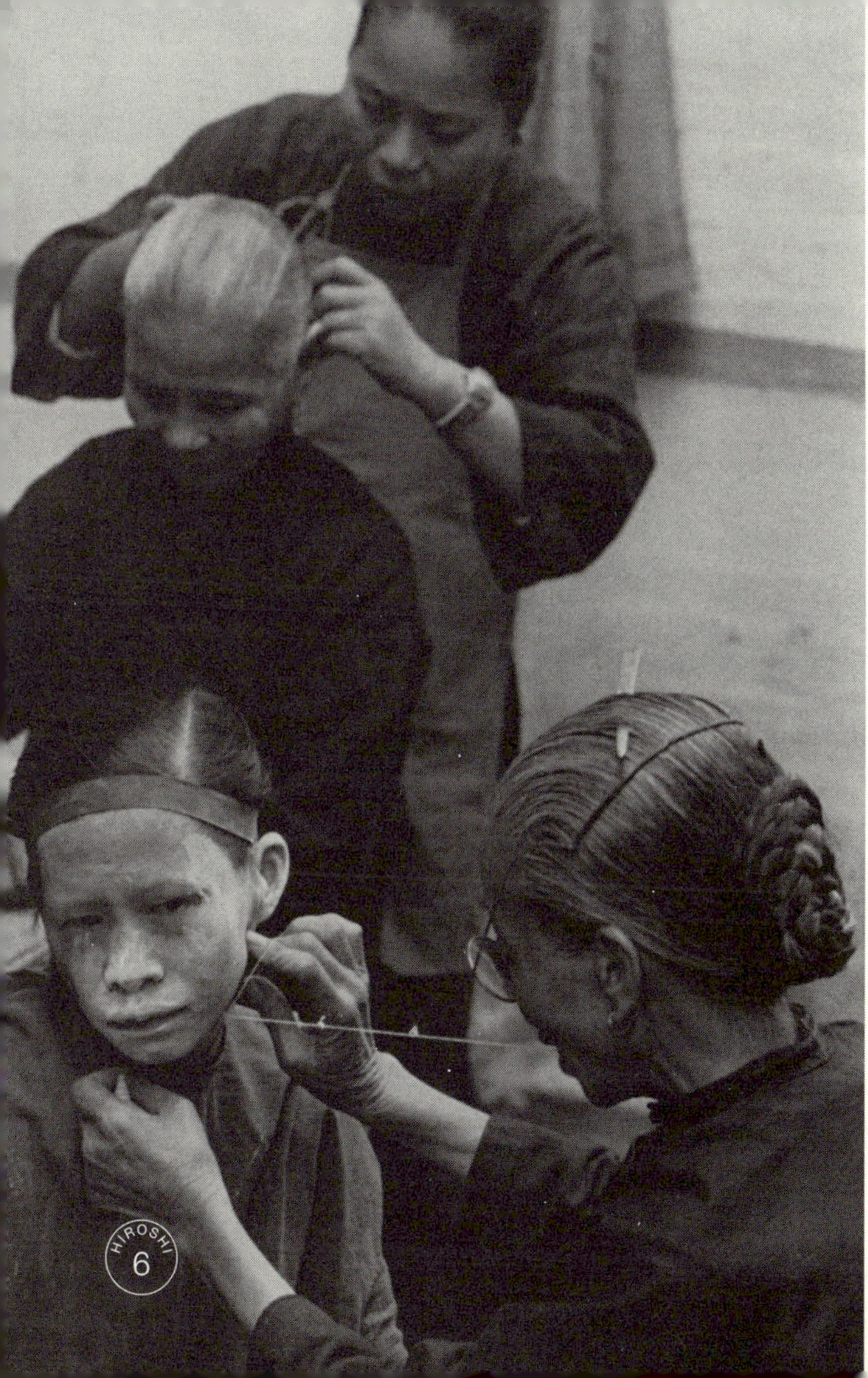
HIROSHI
6

私はどちらかといえば理屈っぽくて
理論好きなところがあるくせに、
触覚人間みたいに嗅覚にとらわれる癖がある。
好ましい匂いの人が歩いていると
あとをつけてゆくほどだし、
嗅覚の記憶力は
五感のなかでは一番ではないかと思う。

『潜像残像』 一九七一年

HIROSHI
7

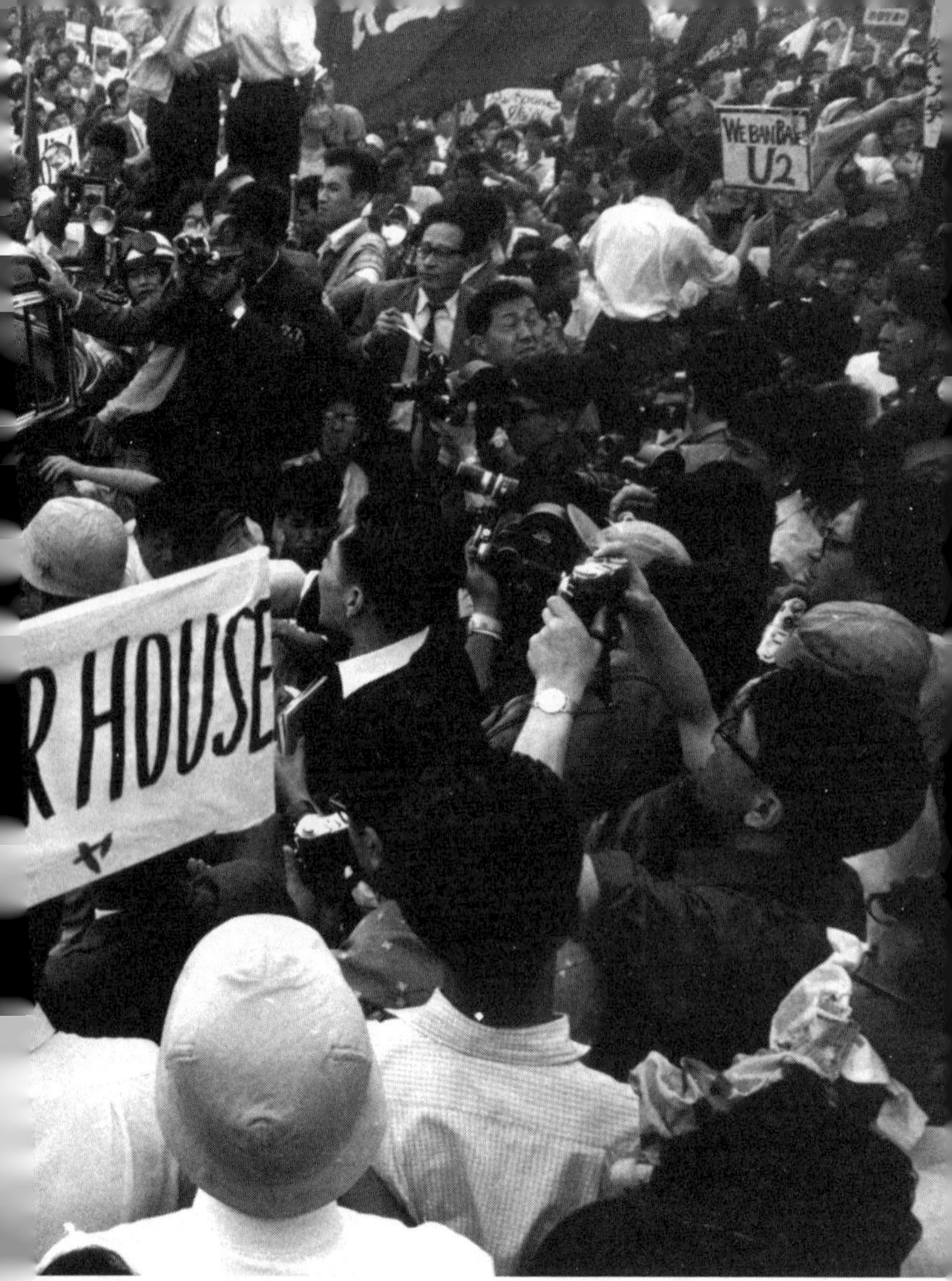
WE BAN BA
U2
R HOUSE

BREAK DOWNLOW

少年のころ、
私は海外に行きたくてたまらない時期があった。
それも普通の旅ではなくて、
もう日本に帰らなくていいくらいに思っていた。

、『潜像残像』一九七一年

HIROSHI
9

かつてある人が私のことを
「Thinking Photographer」といった。
いま私は
「Un-thinking Photographer」で
いたいと思っている。

『潜像残像』一九七一年

HIROSHI
10

TOGRAPHIC BOARD
STUTTGART GERMANY
PAUL TEUFEL · CIE.

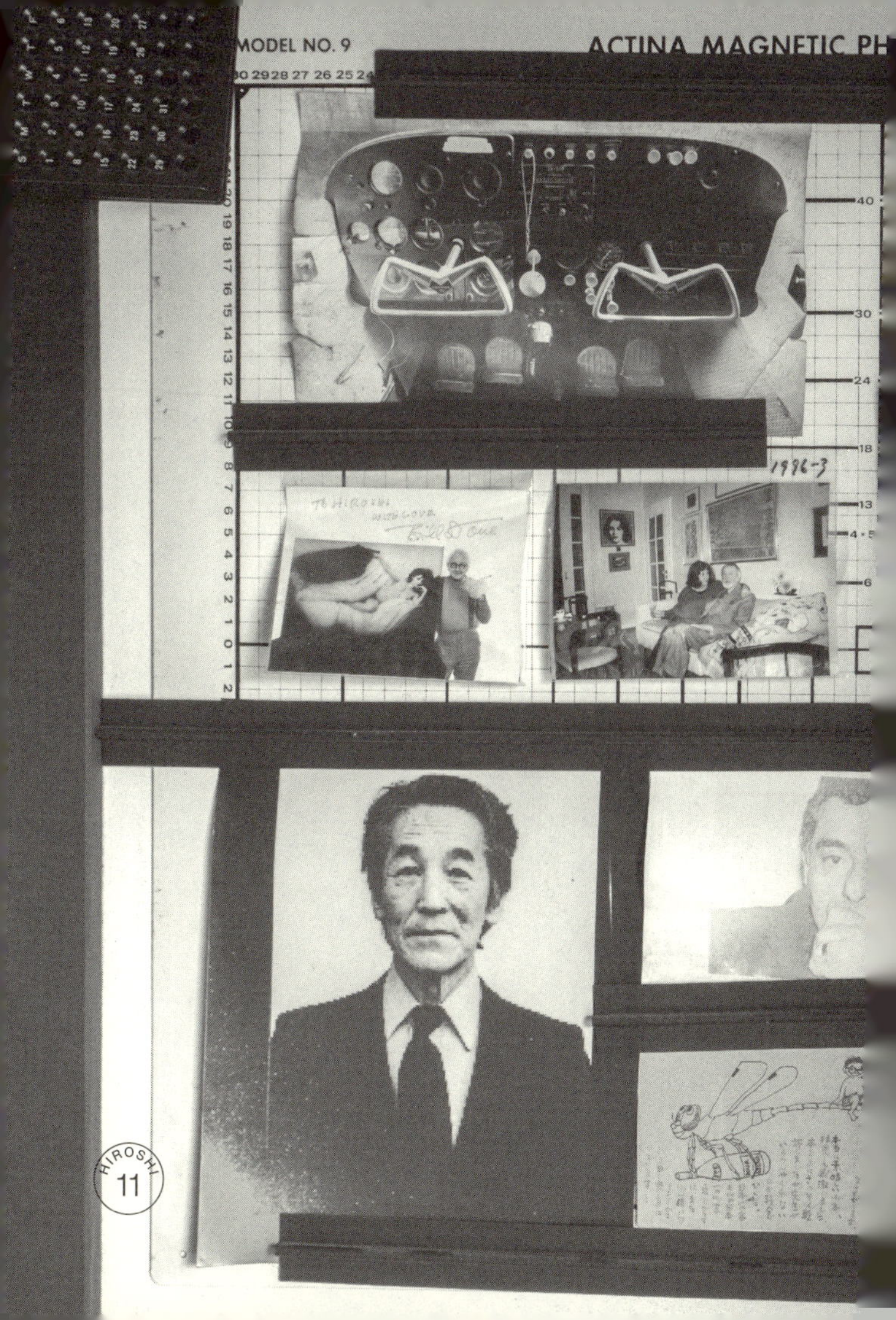
MODEL NO. 9
ACTINA MAGNETIC PH
1986-3

人はなぜ、人の写真を撮るのか、
人はなぜ、人に写真を撮られるのか、
人はなぜ、人の写真を撮らせるのか、

「人の像について」一九八三年

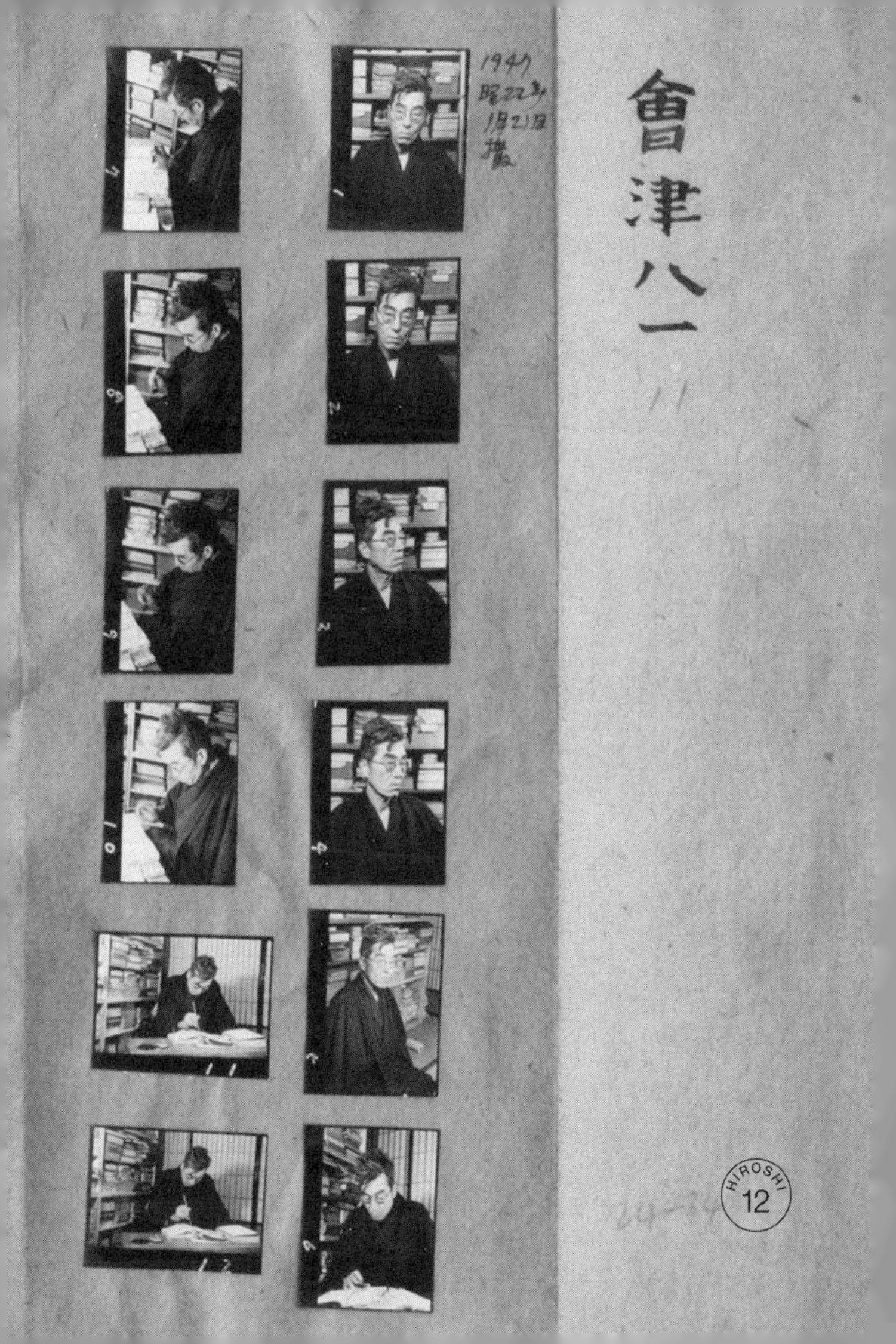
1947
昭22年
1月21日
撮
會津八一
HIROSHI
12

HIROSHI
13

# 雪国

収録作品

ホンヤラ洞にゆく子ども　新潟・十日町
記録的豪雪　新潟・高田
小正月の若木迎え　新潟・桑取
村の子ども　新潟・桑取
歌ってゆく鳥追い　新潟・桑取

はじめて私が雪国高田を訪ねたのは一九三九年の冬、「この下に高田あり」の立札が立ったことのある豪雪地、それほどの雪ではなかったが、雪の降りよう積りよう、その中での人々の暮らし、風俗、風土、好奇の眼を見張り、身も心も緊張した。

それまで、東京生れ、下町育ちの私は都会の華やいだものに眼を向けて、浅草だの銀座だの、巷の風俗流行に興味しんしんの生活をしていた。雪国で私は、二十五歳の若さにかつて経験したことのない緊張と刺激をうけた。

一九四〇年、私は市川信次さんの案内ではじめて小正月前後の桑取谷を訪ねた。そこに私は日本常民の生活の古典を見た。人間が土着し、生産し、生きるということを考えさせられた。人間の土地、人間の条件、それを見極めたいと考えた。

未知の生活を知るために、できるだけ狭い地域の短かい期間の年中行事を繰り返し体験し、観察し、記録することにした。以来十年間、戦中から戦後まで欠かすことなく西横山で小正月を迎えた。その間、日本は中国大陸で戦火を拡大し、第二次世界大戦に突入、敗戦、新体制が強制され、古い物事が崩されていった。長い間常民が受け継いできた民俗行事や習俗も変貌断絶の目にあった。時代の移り変わるのは必然ながら、何らかの形で記録にとどめておくことは、同時代者の責任であり、写真の機能はそこに生きる。私は「桑取谷」を記録する仕事に精を傾け、暗い時代の生きる証とした。

『雪国』改訂復刻版　あとがき　一九七七年

10

# 裏日本

## 収録作品

部落に来た尼さん　青森・竜飛
雁木　新潟・十日町
海の家族　秋田・男鹿半島
停留所　石川・指江
稲刈り　山形・酒田付近
山の湯治場　青森・谷地温泉
雪に暮れる部落　青森・竜飛
農家の子　青森・横内

六年間の高田生活をきりあげて、東京に帰ったのは、一九五二年三月末でした。高田の家のまわりには、まだ、汚れた雪が残っていましたが、移り住んだ大磯は、明るく暖かでした。それから二年間、生活に追われるまま、アクセク働きました。自分の仕事を試みる余裕などありませんでした。

健康な土地に住み、東京の生活を見つめるにつけ、対照的に、雪国の生活が思いやられました。懐旧というものではなく、激しく心に訴えるものがありました。それに応えなければならない気持が、だんだん強くなってきました。地方にいて東京を見、東京にいて地方を見る、二つの体験は貴重でした。それを生かす仕事をしたい。

東京の生活も多少軌道に乗ってきました。で、懸案の「裏日本」を始めることにしました。まず、私の仕事は、私自身が、裏日本に関する知識を蓄積し、理解を深めるために、裏日本に足を踏み入れて、よく見ること、そして感じることでした。

一九五四年十月、新潟を皮切りに、裏日本の旅行が始まりました。五五年一月十三日には、青森県竜飛部落の猛烈な吹雪の中にいました。竜飛については、少しばかり知識を仕込んで訪ねたのですが、現実が、知識や常識を吹き飛ばして、じかに、からだにぶつかってきました。見ること、感じることが、どんなに重要なことか、見事に体験しました。自然の暴力にあって、その暴力に抵抗する勇気が、敢然と起きました。「裏日本」を強行させたものは、精神的にも、肉体的にも、経済的にも、この時に決定したといってよい。一月十三日の竜飛、その風土と、人間と、そこにいた私自身を、生々しく回想することができます。それは、いつも私に勇気を与えます。

同じ年の六月三日、富山県の「アワラの田植」を見ました。ここで私は、人間の強さを目撃しました。田植する女はたしかに人間として強い。しかし、反面あのような労働に救いの手をさしのべない周囲、社会の弱さを痛感しました。

理解しているようで、理解していないことが、次々と現われて、私は戸惑いながら、体験旅行を続けました。今年の夏、青森県の山の湯治場では、一坪半ほどの浴槽に三十二人の男女が愉しそうに入浴していました。

私は、一九五四年から、一九五七年八月の湯治場まで、四年間、裏日本を歩きましたが、そして、ここで一冊の本になったのですが、私の仕事はこれで終ったわけではありません。さらに歩かなければならないと思っています。今度は一つ一つの問題にとりかかってみたいと考えます。裏日本は一つの地域的な目標で、この四年間の体験を踏台に、より深く、より広い地域に向って発展させてゆきたいと願っています。

また「アワラの田植」の話になりますけれど、この写真は『中央公論』に発表しました。そのためかどうか知りませんが、その後、干拓工事が進められ、いまではあのような悲惨な田植はなくなったということです。やはり、緩慢ながら、社会の良識が滲透してゆくようです。

『裏日本』　一九五七年

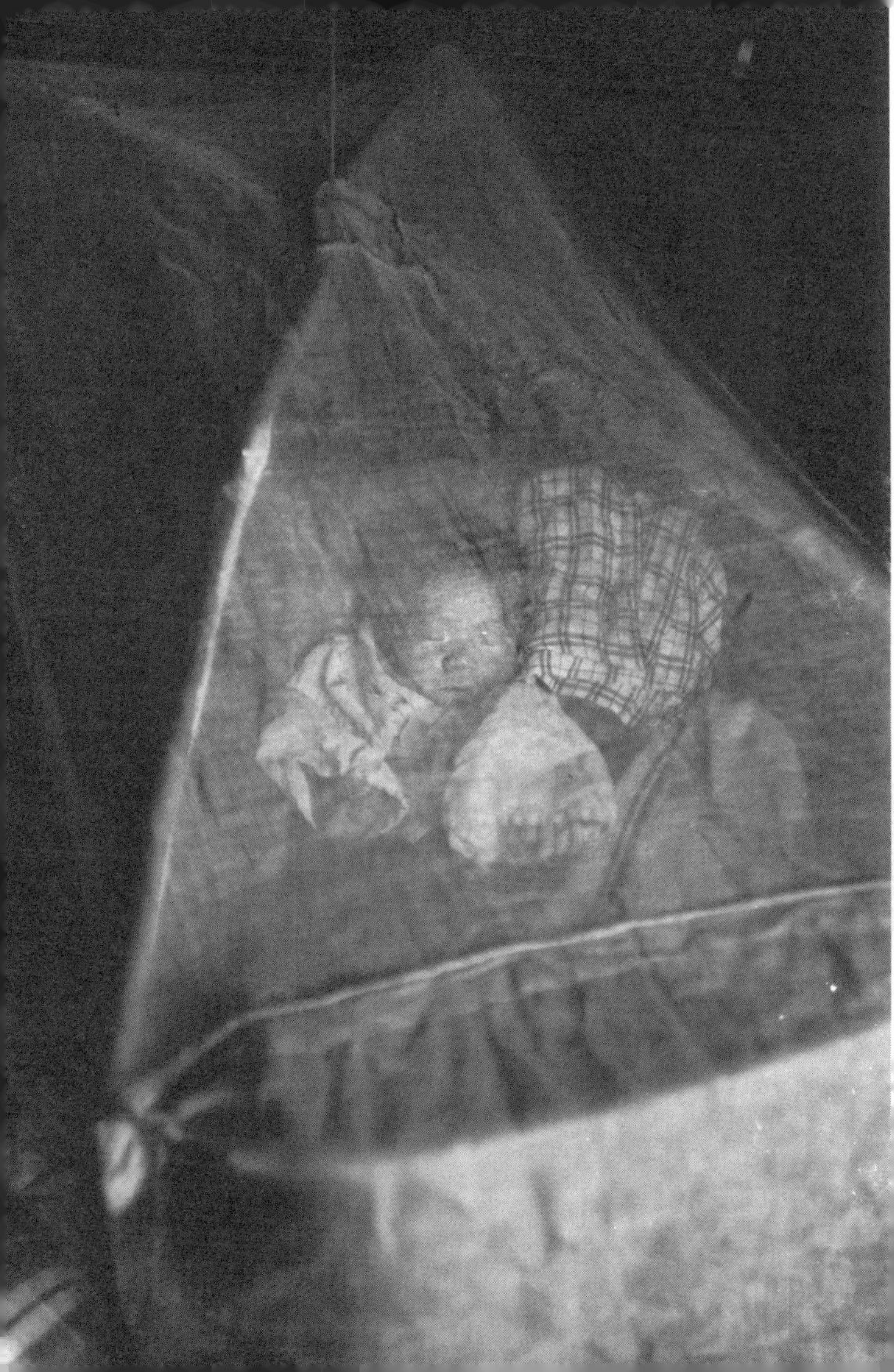

# こども風土記

収録作品

『こども風土記』という題名がしめすように、この本は日本各地のこどもの暮らしを写し集めたものです。

この一年、北の国から南の国まで、いろいろのこどもの国を訪ねました。かつては、私もこどもの国の住人だったのですが、訪ねてみれば、今は住みつくことのできない国でした。おとなの世界の魔法の空気を吸った人間は、とうていこどもの国へ帰ることはできませんでした。

考えてみれば当然のことで、だからこそ、こどもの国の素晴しさがあるのでしょう。ふと、おとなはあの素晴しさを振りかえってみたくなるのです。私が『こども風土記』の撮影をする動機も、おとなの世界の魔法の空気、濁って醜い空気の重苦しさに耐えている時、ふと、こどもの国の素晴しさを振りかえったからでした。

それまで、ずいぶん長いこと、私は写真の仕事を続けてきましたが、こどもの世界を撮ることは、意外なほど少なかったのです。おそらく、おとなの世界を見るのに性急だったためと思います。

こどもの国を訪ねるのに、私は児童心理学や教育学を用意してゆくのではなく、冬には、雪がこどもの国に降るように、夏には、トンボがこどもの国に飛んでゆくように、そんな気持でゆきました。

いろいろな国で、それぞれの暮らしがありました。豊かな国もあれば、貧しい人もいるのです。こどもの国には天使もおり、悪魔もいるようです。しかしそれは可愛いい天使たちで、可愛いい悪魔どもで、みんな精一杯、生きることに無我夢中でした。

こどもの国にも喜びや悲しみがありました。悲しい出来事の多くは、おとなの魔法使いが、こどもの国を脅かしているのです。こどもたちではどうしようもないことなのです。

この一年、こどもの国を訪ね歩いて、ほんとに楽しいことでした。その反面、悲しい場面にもあいました。そうした時、私のカメラはそっぽを向いてしまいます。これはこどもの国の出来事ではなくて、おとなの世界の問題なのです。やはり、私はおとなの世界で、濁って醜い空気の中で、やらなければならない仕事があることを、あらためて思い知らされたのでありました。

こどもの国のみなさん、ありがとう。

『こども風土記』後記　一九五九年

京都　タコ焼き

タコ焼きは上方でさかんに愛されている食べもの。おとなはこども心を、こどもはおとなびたその味を、共に味わい懐しむ。近頃は東京にも進出して、酔後の客や女給さんの人気を呼んでいる。鉄板の型にメリケン粉を流し込んで、ネギ、キャベツ、青ノリ、粉ガツオ、紅ショウガ、それにコンニャクとタコの切り身が入って、焼きあげる。六ツ十円。結構、腹ふくれる思いになれる。

東山区祇園

東北　ボンデン奉納祭

正月やお祭りは、こども達にとって、無性に嬉しいことで、その日のくるのを指折り数えて待っている。わけても、東北の雪深く暗い暮らしの中で迎える気持は格別。一月十七日、色鮮やかなボンデン奉納祭の日は、行列が通る道筋の家々に、親類縁者のこども達が、晴れ着を飾って呼ばれてくる。雪におおわれた二階の明りとりに、赤い頬をズラリと並べて、「ジョヤサジョヤサ」のボンデンのくるのを待っている。

秋田市三吉神社附近

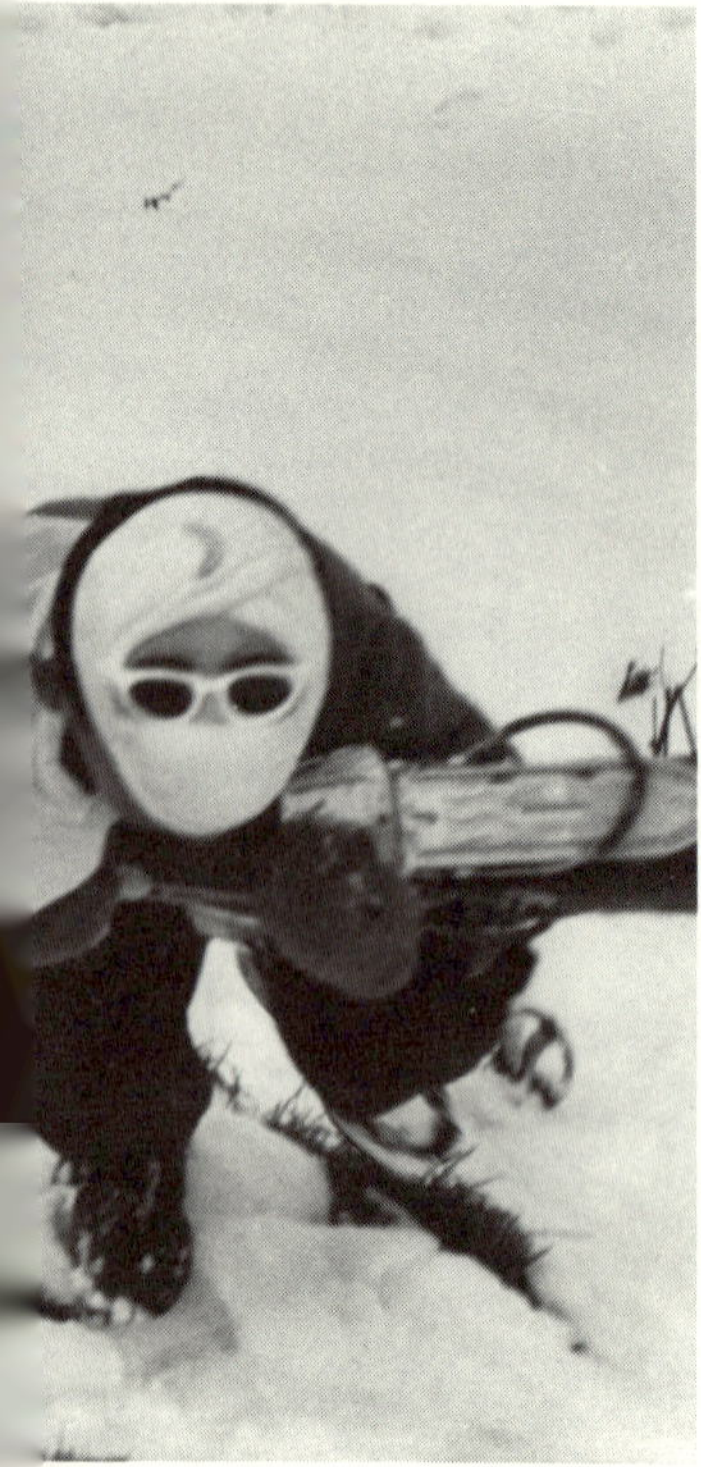

北海道

# 月光仮面

サタンの爪を退治し、マンモスコングと闘う正義の味方、月光仮面は少年たち憧れのオジサンである。このオジサン仮面をかむり、白いマントを着、ピストル片手にハヤテのように現れて、オートバイをスッ飛ばす。北海道のこどもは、月光仮面のオジサンに「雪が降ったらスキーに乗ってもらいたいな」と願っている。

旭川市

北海道　アイヌ

熊祭り、土産用の熊の木彫ぐらいが、アイヌらしい風俗で、いまは衣食住、言葉も仕事も、こどもの遊びも、ほとんどドサンコと変るところがない。ドサンコもまた、差別するほど気がせまくない。だが、彼らの生活は恵まれているとはいえない。

旭川市近文アイヌ部落

瀬戸内海

## 鬼祭り

祭りの日、可愛い鬼が町の中に神出鬼没。「オニョー、ボロボロ」といって、鬼をからかう者がいる。古い面はボロボロになっているので、ボロボロとかまう。鬼は高下駄をカラコロいわせて追いかける。そんな光景が、古い町のあちこちに見られる。ほんとに鬼が恐しいのは幼いこどもばかりで、この鬼祭りなかなか愛嬌がある。

岡山県児島郡茶屋町

瀬戸内海

## 黒板

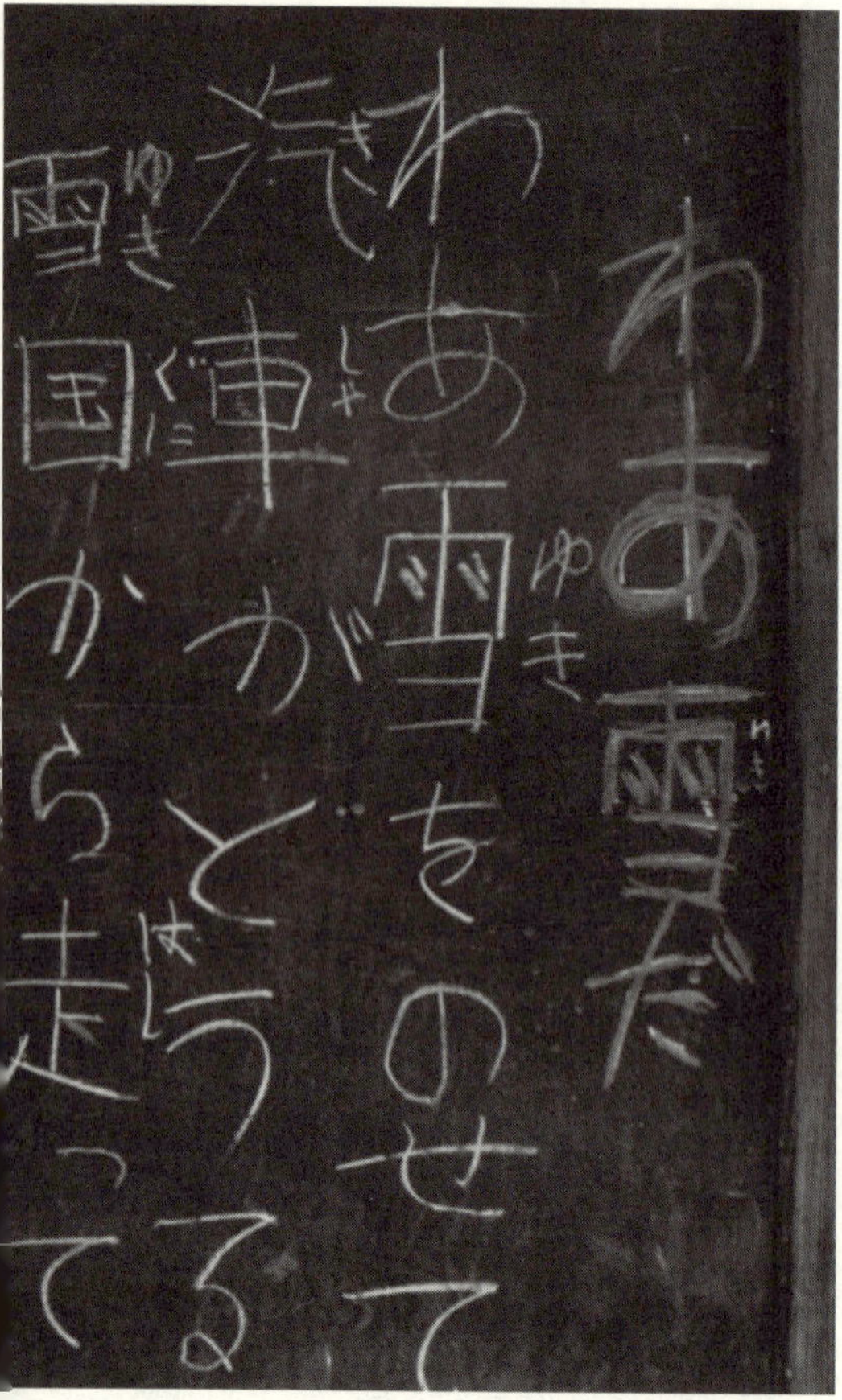


香川県小豆郡小豆島当浜小学校

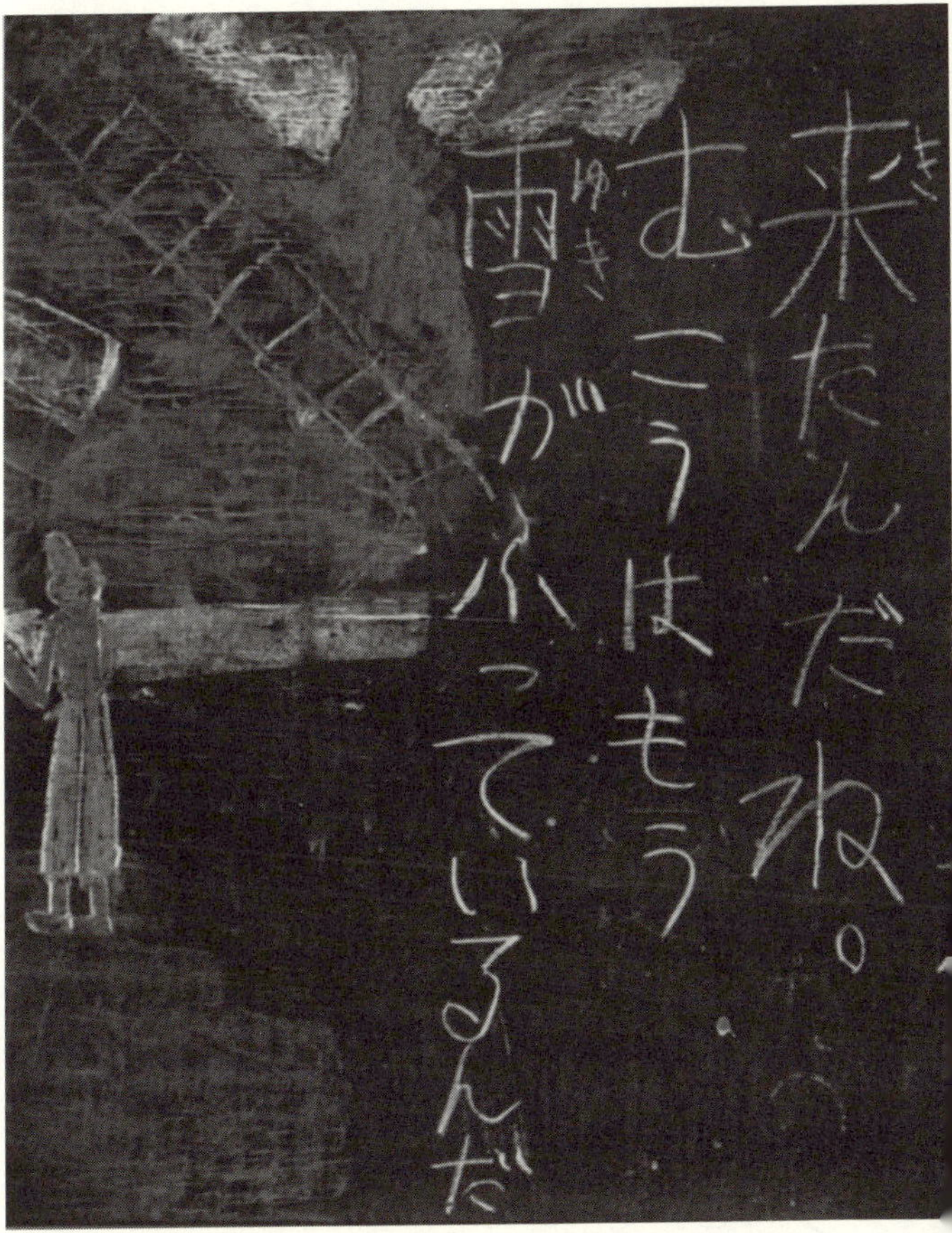
来《き》たんだね。
むこうはもう
雪《ゆき》がふっているんだ

鹿児島

# 頭上運搬

鹿児島湾の中心に、朝夕、七色の変化を見せる活火山桜島。この美しい観光の島に住む人々の生活は、豊かなものではない。幾度もの大噴火で噴き出されたものすごい量の熔岩の中に、わずかの土を見つけて耕している。デコボコ道には車もきかず、もっぱら人力、婦人は頭上運搬ということで、六十キロも乗せる人がいる。こどもの頃からの練習の成果である。せっかく町場並にと、買って与えたランドセルも、時には練習用に頭に乗せられたりもする。

鹿児島市東桜島町湯元

東海　鵜飼

長良川の鵜飼は将軍、大名、宮内省などの保護のもとにうけ継がれてきた。鵜匠は世襲制度。あのすばらしい観光的鵜飼は、一朝一夕でできる技ではない。小さい時から鵜に馴染み、船に慣れ、秘法を身につけてゆかなければならない。中乗り、艫乗り、中鵜使いを修業してから鵜匠になる。カブリモノは風折烏帽子、漁服、胸当、腰蓑をつけ、足ナガをはくのが鵜匠の正装。

岐阜市長良川

新潟

# ぜんまい採み

こどもの頃から草木の名を知っているように、山の人は誰でも、山の幸をよく知っている。ぜんまいはいつ頃何兵衛の裏手の山に、わらびはいつ頃何左衛門の窯場の横手に、といった具合に、山菜の戸籍調査はゆきとどいている。採った山菜は新しいうちが御馳走ながら、干しあげて、冬の貯えに、町へも売りに、結構嫁やこどもの小遣いになる。町のおみやげを楽しみに、こどもも慣れた手つきでぜんまいをもむ。

村上市大栗田

新潟

# 凧づくり

白根の凧合戦は、町中の人がウデダコのようにのぼせあがって大騒ぎ。祭りは一週間、測候所よりも予報的確の面々が、毎日空をにらんで、北の風が吹けば、花火がドンとあがって学校は早退、川岸に集まる。大凧は三百二十四枚張りの各町内凧、小凧は七枚張りのこども用六角凧、こども凧は町内凧のあとさきの景気づけにあげる。川をはさんでの凧合戦、凧はハヤブサのように飛び廻って、相手の凧とからみあい、共に川の中に墜落する。それからがまたひと騒ぎ、凧糸で綱引き。つぎつぎと激戦がつづく。白根の凧合戦は、あげるのではなく。凧をこわすのが目的、気前のいい行事である。

中蒲原郡白根町

## 天草採り

湘南伊豆

伊豆半島西海岸の雲見部落は、車も通わぬ不便な土地。そこで全国産の三割の天草が採れる。男も女も天草を採る。女は板もぐりで、男はマンガという海の底をさらう式や、潜水服を着て採る。ここのこどもは男も女も、海岸の砂遊びより、磯場の磯遊びを喜ぶ。モリ、タンポ、スカリ、オケ、水メガネをもって、一人前の顔つきで磯場にゆく。サザエ、アワビ、カニ、コブシを採り、イガミ、サンパ、アワモチなどの磯魚を突く。みんな泳ぎもうまいが潜りもうまい。

静岡県賀茂郡松崎町雲見

四国

# 盆飯

高知県の山間の村、盆の八月十五日の夕暮れ時、こどもたちが河原に集まって、盆飯を食べる。米一合に、ナス、カボチャなどの野菜をもちより、ナベ、カマをしつらえて、自分たちで煮炊きする。ここでは盆飯といって、盆飯を食べると夏病しないといわれている。盆メシ、盆ガマ、盆のママゴトなどといって、この習俗は各地にあった。女の子の成女式の意味があったという地方もある。

高知県長岡郡本山町井尻

四国

# 高架渡船

高知県は海が広く、山が深い。土佐郡も長岡郡もまったくの山国。郡境に吉野川が流れている。土佐郡土佐村柚ノ木の学童は、川を隔てた長岡郡本山町井尻の西部小・中学校に依託生として通っている。学校は対岸にあるけれど、橋を渡ると三キロの迂廻、大正年間、時の校長先生が高架渡船を架設した。鉄索三本に吊り舟を託して、急流上空二十メートルの空中を渡る。見ていてハラハラするような仕掛だが、まだ事故はないという。土地の人は吊り舟といっているが、いま流行のロープウェイみたいである。

高知県長岡郡本山町井尻

山陰

# 児守稲荷

松江市内に児守稲荷神社というのがある。拝殿の両側にいろいろな絵や書キモノの紙が、ベタベタ貼られている。夜泣き、寝小便、虫封じ、オデキに悩む、カンがきつい、勉強しない、イジメラレッ子。親にしてみれば心配の種ばかり。で、願いごとを絵に書いてお詣りすると万事よくなるという信仰。「三十二歳になる子供の病気を全快させて下さい」と願う母の書も見うけられて、神だのみの親心がしのばれる。

島根県松江市石橋町

# クリスマス

クリスマス祝会は東京の幼稚園の、大切な年中行事の一つになってしまった。キリスト教の幼稚園でないところも、お祝いをする。キリスト教系の幼稚園は本格的なお祝いをする。お祝いは「きよしこの夜」の聖歌にはじまる。劇は一月も前からお稽古して、聖劇「キリスト降誕の場」の幕が開かれた。

港区ナザレ幼稚園

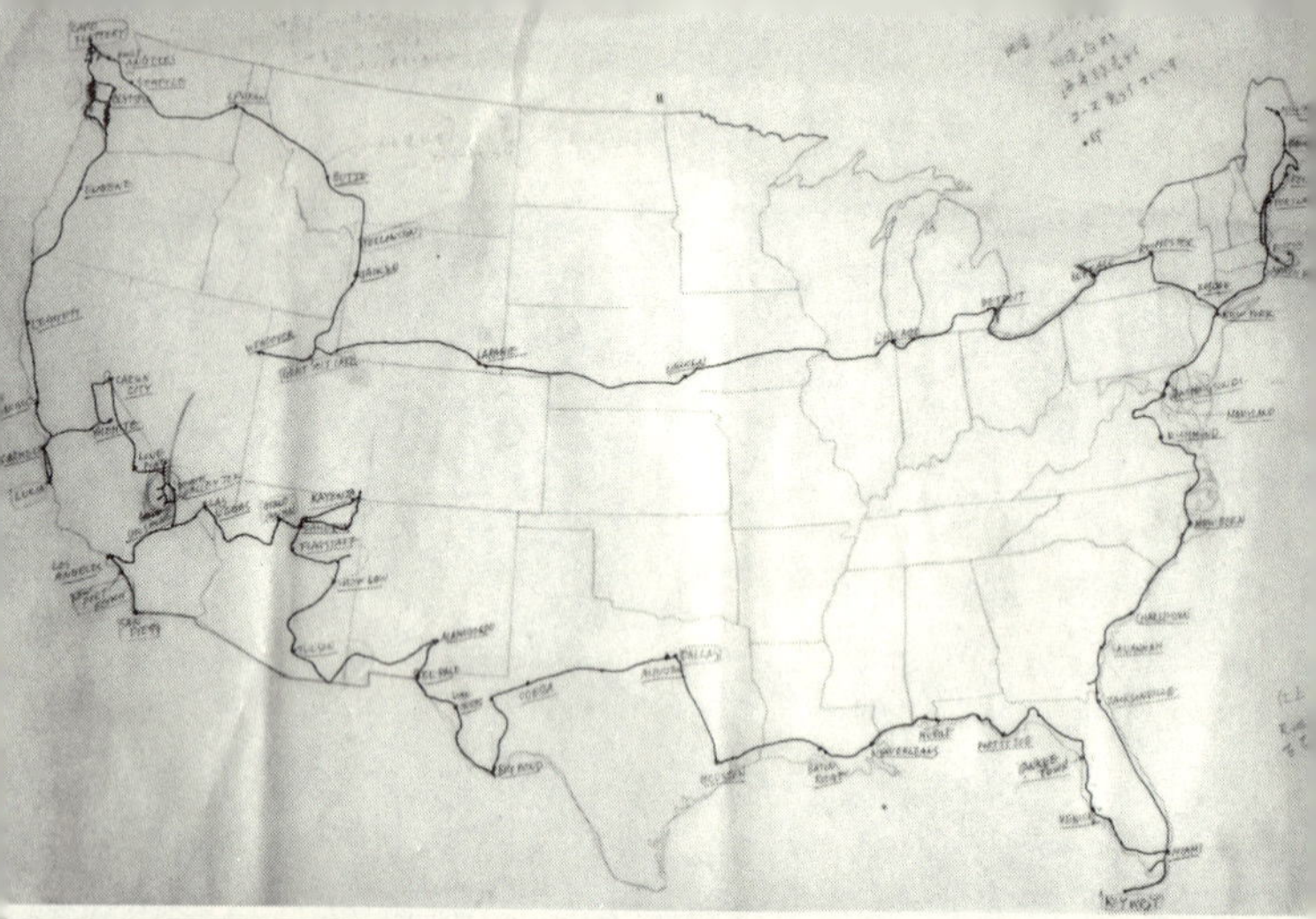

GULF MOTOR CLINIC
TIRES

# AMERICAN AMERICA

## 収録作品

New York City ; 7th Avenue 33rd Street.

New Orleans; Bourbon Street.

San Francisco

Neah Bay; Makah Indian Reservation.

Fabens; Tumble Weeds.

一九六六年秋、ニューヨークのジャパン・ソサエティから私宛てに、アメリカ行のフェローシップの招きがあった。それまでにもアメリカ行の機会はあったが行きそびれていた。六三年のジョン・F・ケネディ暗殺事件以来、アメリカへの私の関心は強まるばかりだった。世界に大きな問題を投げかけ、人類の行く末に強い影響力をもつアメリカを、自分の眼で確かめたい。

私は三カ月滞在の契約をし、一切の仕事を断ち、写真を撮るという使命感みたいなものを棄て、まずアメリカを見ること、体験することにした。家内は、三十年間働いてきた骨休めのつもりで行ってらっしゃい、といってくれた。それにしても、目的と方法を考えないと、風来坊かフーテンみたいで具合が悪い。

私は「アメリカ合衆国本土における自然と人間の接点の考察」という長たらしい論文の題みたいな目的を決め、自動車で本土一周する方法を決めた。できればアメリカ発展史の過去にも踏み込んでみたい。一九六七年三月一日、私はアメリカ合衆国に向かった。

物質文明の極点と、いまや人間精神の模索に苦悩するニューヨークで、マグナム仲間の友情は嬉しかった。仲間は私のアメリカ一周自動車旅行の計画を知り、そんなことをした写真家はいないから『ライフ』か『ルック』の仕事をとるようにする、といってくれたが断わった。すると、大金を使って仕事も欲しがらないとは理解に苦しむといい、「ハマヤは東洋のミステリーである」ということになった。

ミスター・ミステリーは、オールズモビル・ジェットスター・88の大型車を買い、在米五年の河田知孝青年に運転と通訳を頼み、三月八日、ビルの谷間に冬の残る摩天楼の街を出発した。

まず大西洋岸を北上、カナダ国境に近いメイン州の雪の山村を車の行き止まりまで進み、桑取谷と似たような雪国の人情に接し、南下。首都ワシントンで河田青年は親切が仇となって黒人強盗に襲われ、顔面血みどろの傷を負った。

VILLAGE
CHOP
UEY
Sunshine Biscuits

nda BRIGETTE

Linda BRIGETTE

合衆国最南端のフロリダ州キイウエストへは海の上を走り、ルート一号終点。つづいてメキシコ湾に沿ってニューオーリアンズに出、南部横断、テキサスの荒野でテキサス独立論を考慮し、アリゾナ、ユタの砂漠ではカミュの「異邦人」式の殺人もやりかねない虚無の大地に立ち、呆然と感動。

ハリウッドで「ウイスキー・ア・ゴーゴー」のサウンドにしびれ、デスヴァレーからシエラネバダ山脈の道中で私は感じた。二百年前、東から西へ向かった開拓者の群れが、仲間の死体を食べ、乾燥携帯食にして、死の行進さながら歩いて行ったアメリカ残酷物語を、私は実感として受けとめた。

サンフランシスコでは、豊かな社会からはみ出たヒッピーズの群れに飛び込んで、四日間、その実体に迫ってみた。カナダ国境の岬の突端まで北上。ソルトレーク・デザートに南下。ふたたび大陸横断にかかり、七十日間、予定日の正午ピタリ、ニューヨークに帰着した。

『潜像残像』一九七一年(九一年改訂)

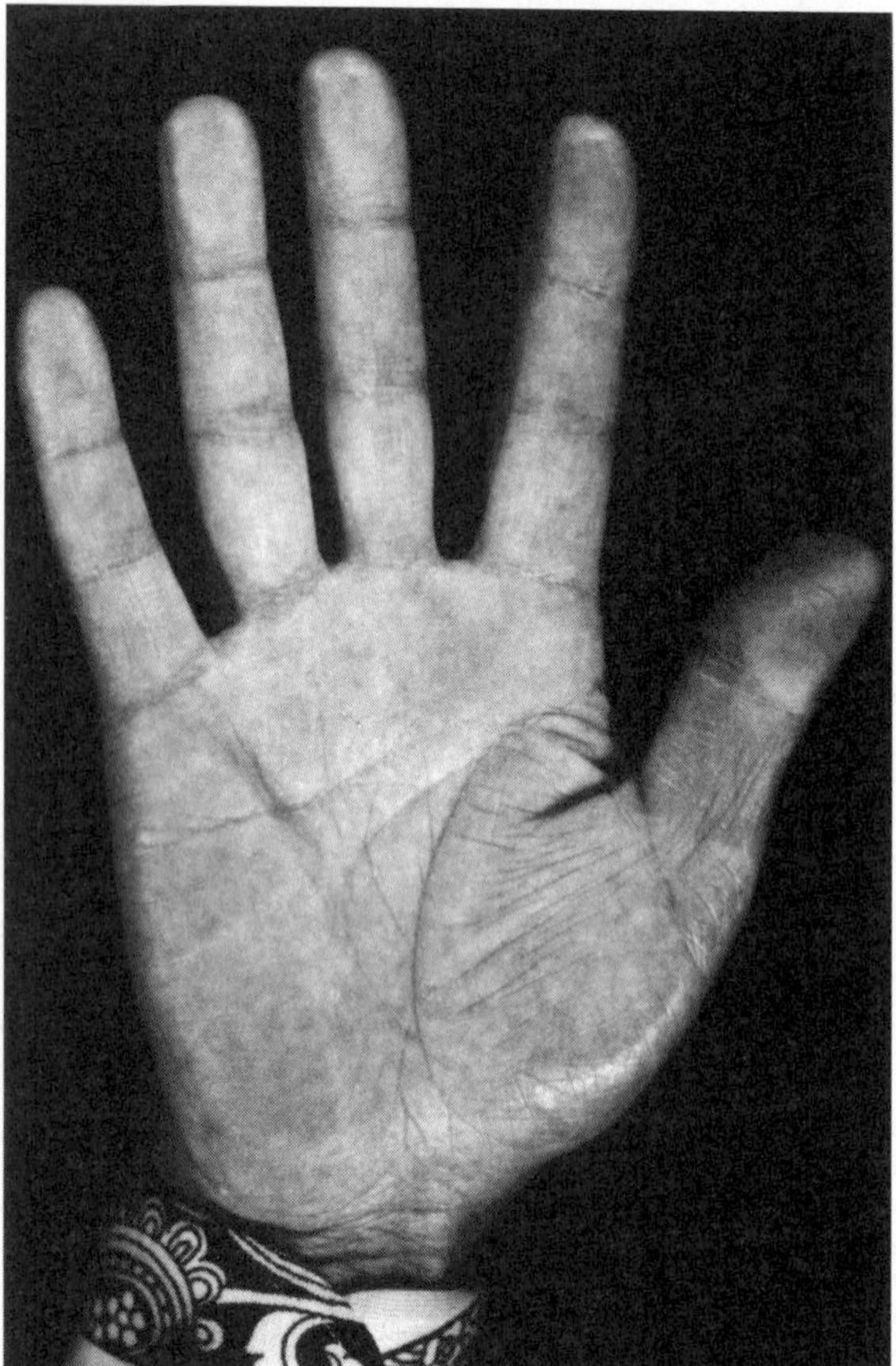

HIROSHI
18

# 写真体験五十年

本節は「写真体験五十年の道程」（『濱谷浩写真集成　地の貌』所収）を抄録しました。

## 1

私にとって、写真とは何であったのか。

私にとって、いま写真とは何であるのか。

写真体験五十年、その間の私は、生きることと写真することは同義語だった。生きることは写真すること、写真することは生きること、さまざまな思いで生きてきたには違いないが、何よりも、写真を撮る行為行動そのことに生を託してきたという思いが強い。

その五十年間は激動変転の時代だった。その中で写真の近代が胎動し、開花した。写真術は飛躍し、写真思潮は社会の動きの中で多様化し転々とした。グラフジャーナリズムは注目され、読む文化から見る文化へと持て囃され、写真の時代を迎えたかに見えたが、それも束の間、後半はテレヴィジョンの出現によって後退した。いまは、映像情報氾濫の時代、写真大量消費時代。

写真技術は細分化し巨大化した。人体内奥の極微を解明し、宇宙を探査し、一〇〇万分の一秒時を定着する。カメラのメカニズムは自動化を進め、写真技術は簡易化し、家庭電化製品並に普及し、写真は多くの人のものとなった。

私がはじめて写真を撮影したのは一九三〇年三月だった。その日時まではっきりしているのは当時の古いノートが残っていて、それによると、兄姉家族の撮影にはじまる。次に近隣知人、間もなく、関東大震災復興の町、上野広小路復興祭、上野駅前花電車、朝日新聞社主催公徳行進、広告祭参加少年倶楽部仮装行列、といった順に撮り進んでいる。

一九三三年、学校を卒業してはじめて職についたのは航空写真を撮影する実用航空研究所だった。入所後間もなく、大型カメラを持たされ銀座上空を飛び撮影した。この時はじめて真剣に写真を撮る姿勢を体験した。その時、カメラもヒコーキも私の生を充実してくれる格好いい存在だと思いこんだ。同時に、真剣に写真を撮る緊張感が心身に漲り、これぞ自分のゆくべき道と決めこんだ。格好の良し悪しは別として、カメラもヒコーキもいまだに私に活力を与えてくれる存在になっている。

はじめての飛行で、地上では思い及ばなかった新しい視界を体験した。未見の大地、未知の世界に歩を進めるため、写真に生を託す意を決した。実用航空研究所は三ヶ月後につぶれた。仕事が新しすぎたのだった。つづいて、オリエンタル写真工業に入社し、ここでの四年間に写真技術を身につけることができた。

## 2

一九三九年冬、豪雪の町、新潟県高田市を訪ねた。その町で民俗学研究の徒に巡りあい、はじめて民俗学というものに強い関心をもった。その時、高田の瞽女《ごぜ》を撮影した。

一九四〇年二月、私は新潟県桑取谷の二十五軒の山間の集落を訪ね、雪国の小正月前後六日間の民俗行事を撮影した。以後十年間、戦中戦後を通じて撮影探訪を続行、一九五六年に私の第一写真集『雪国』となった。

この越後の谷間のたった二十五軒の寒村に、この雄壮な生活の古典を見る時、そこに長い歴史を経過してきた精神生活の深さ、豊かさをみることができる。

米を穫ること、それは単に肉体労働によるエネルギーの交換ではない。この狭く痩せ細った貧しい日本列島を、黄金の国土に築きあげた農民の心には、神との深い交流が必要だったのだ。日本の農耕儀礼が、年間を通じて数繁くとり行われる姿は、とりもなおさず、日本農業の容易ならぬ苦難の跡を物語るものであろう。

『雪国』に私は実感をこのように書きとめた。いま、農業事情は大きく変り、農民の心も変り、生活の実体も変った。多くの民俗行事が失われ、残る行事は心を失い、意味消失のお祭り騒ぎが残った。

雪国を体験し、桑取谷の人たちとの交流を深めることによって、人間が生きるとはどういうことか、貴重な理解を進めることができ、さらに私は私なりに一つの写真の展望をもつことができた。桑取谷を訪ね民俗学を裏付けとする方法で記録写真を撮った年、私ははじめて、写真の核をつかんだ思いにかられた。

3

一九四五年、第二次世界大戦が終った日、ラジオ放送で敗戦を聞き、戸外に飛びだして、中天の太陽に向ってシャッターを切った。その時、どうして太陽を撮ったのか、いまもってわからない。写真を撮る行為に、理性や感性とは別の何かがあるのではないか。記録癖が奇妙な形で現われただけのことであるのか、いまもってわからない。

私は三十年間東京中心に生きてきた。地方の生活を多少見聞したものの、それはうっかりすると疑似体験みたいなもので、この際じっくり腰を据えて、雪の中で自分を考えてみたいと思った。ヤミ横行の東京でのたうち回って生きるのも方法、恐しくも清らかな雪に埋もれて生きるのも方法、二つに一つ、どうせ食うや食わずの敗戦国民なら、芽生え育った友情を大切にして、地方で新しい体験をしてみたいと思った。（『潜像残像』）

以来六年余、雪深い高田暮しがつづいた。

一九五四年、私は『裏日本』の撮影にとりかかった。

その二年前、汚れた雪の残る高田から、明るく健康な大磯に移り住み、虚栄に映える東京の急激な発展を見るにつけ、東京と地方とのアンバランス、文化の落差を痛感していた。その間生活に追われ、注文仕事をこなし、アクセクと働き、どうにか生活のメドがつき、気がついてみると、一年後に私は四十歳になる。主体性をもち、自分の道を歩まねばと思った。

一九三九年、二十四歳の私は和辻哲郎博士の『風土――人間的考察』を読んで深く感銘し、以来座右の書物となった。人間の生きる条件、人間の土地というものへの関心が強まり、度重なる旅や、六年間の雪国生活の体験によって、和辻風土論を実感として受けとめることに努めてきた。（『潜像残像』）

私は「人間と風土の関係」を思索、実証するため、青森、秋田、山形、新潟、富山、石川、福井、京都、兵庫、鳥取、島根、山口の十二府県、日本海に沿った北緯四十一度十五分から三十四度二十四分まで、四年間、季節を変えて数十回にわたって歩き回った。

本州北端、陸地の果てるところ、津軽半島竜飛は六十一戸の集落、岩と、波と、風と、雪の狂暴と、海と崖の狭い土地に、必死の相でかじりついていた。富山県上市町白萩のアワラの田植えは、女がワラ屑を肌にまきつけ、ボロ着をまとって、泥田にはいり、胸まで没して田植えをしていた。原始の田植えが今日に残っていた驚き、正に恐怖の米づくりだった。

敗戦日本が不死鳥のように復興する反面、悪条件に生きる農民漁民の暮しは苛酷で、貧困は海辺に打ち寄せ、山に巣くって下りようとしない。これが僻地の現実であり、民衆の歴史であった。

鈴木牧之『北越雪譜』、吉田三郎『男鹿寒風山麓農民日録』、近藤康男編『貧しさからの解放』など体験と目撃の書を読み、触発されていった。私は風土と人間の関係を、単に宿命としてとらえるのではなく、今日の日本の多重構造の問題提起として実証しなければならないと思った。民俗の記録にとどまらず、人間が人間を理解するために、日本人が日本人を理解するために。

裏日本の撮影で駆けずり回っている最中の一九五六年秋、私は一ヶ月半中華人民共和国各地を旅行した。遠く西北辺境の新疆省ウルムチまでも訪ねることができ、そこで沙漠の風土に接した。地球がとてつもないものであることを目撃し実感した。私が自然そのものを意識したのはこの時だった。

## 4

一九六〇年六月、日米安全保障新条約批准書が交換され、発効した。この前後、日本全土にわたって安保反対闘争が起った。五月十九日の強行採決、民主主義を崩壊に導く暴力が国会議事堂内部で起った。それまで、私は政治にかかわる取材には縁が薄かったが、今度は違う。戦前戦中戦後を生きてきた日本人の一人として、この危機について考慮し、この問題にカメラで対決することにした。

暴力が否定されなければならないことはいうまでもない。肉体の暴力だけが暴力ではない。議事堂の中で使われる数の暴力、その数を支える金の暴力それこそが恐るべき、憎むべき暴力の悪循環の根源である。死の商人、金権亡者の亡霊がちらつく。最大の暴力は戦争だ。暴力排除をとなえる政治家は、まず、この暴力を拒否する努力からはじめなければならぬ。一切の戦争危機から遠のかなければならぬ。国民はまずそのことを、悲しい体験から叫ばずにはいられない。一枚の赤紙で一人の人間が、暴力の一エネルギーに転換させられてしまった。一発の原子爆弾は二十六万の人間を虐殺した。その時、日本人は何に怒り、何に悲しんだか。（写真集『怒りと悲しみの記録』）

一九六〇年、日本は革命前夜を思わせるような政治危機に襲われた。日本人がこれほど政治というものに関心を強め、行動をとったことはなかったのではないか。私の時代にはなかったことだ。いつの時代にも、虚脱したような状態で、政治というものに接していた、あるいは接していなかった日本人の多くが、これほど政治意識をたかぶらせたのは、意外だった。異常な進歩だとも思った。だが、それは一時の盛りあがりだった。日本社会の二重構造とはいえ、それは恐しいほど逆転した。政治闘争のあとにきた、虚飾に満ちた経済成長、それに助長された疑似太平、疑似繁栄の氾濫する世相となった。私は日本の各地を歩き、私自身体験し、目撃したことに基づいて思うのである。（写真集『日本列島』）

さまざまな体験を重ねてきた自分ではあったが、日本人がこれほど不可解に思われたことはなかった。日本人が住みついている日本の国土とは如何なるものであるのか。私ははじめて日本の自然そのものを見つめてみたいと考えた。一九六〇年から三年四ヶ月、私は北海道の知床半島沖の流氷群から沖縄の珊瑚礁まで、日本の自然を見て歩いた。『日本列島』は火山、海、高山、河川、湖沼、湿原、石灰岩台地、樹氷、原生林、最高峰に分類して写真集となった。狭く細長い日本列島に残された自然は、極めてわずかであったが、その中で、複雑な様相を露呈していた。春夏秋冬の気象の変化、日々の天候、湿潤、季節風、台風、時に濃やかに、時に荒々しく、自然が息づいていた。特に亜寒帯性植物から亜熱帯性植物、地衣蘚苔類の植生分布は複雑多彩であることを知った。日本人の不可解な性格形成の上に、それら日本の自然がどのように作用しているか、簡単に結論をだすことはむずかしいが、日本列島を見つめてみて、日本の自然も日本人と同じく、極めて複雑多様であることを実感した。私の目的の一つはこの点を、自分の眼で探ってみることにあった。

その後も、私の自然への接近はつづく。それとは反対に人間離れがつづく。いずれにしても、私という人間は、写真を撮っていなければいられない、しかもそれが外に向って行動していなければ気のすまぬ性格があるにちがいない。

一九六七年、はじめてアメリカ合衆国に行った。私は長いこと明けても暮れても写真写真で生きてきた。この辺で一度写真を離れ、職業意識を離れ、日本を離れてみたいと思った。三ヶ月滞在、アメリカ大陸一周を実行した。七十一日間、二万八〇五三キロ走り回ってきた。

二年後の一九六九年、私の個展「HAMAYA'S JAPAN」がニューヨークで開催された。

一九六〇年代は東京大学安田講堂の三十五時間学生闘争取材で終った。ヌーベルバーグ、ビートルズ世代、ヒッピーズ、あわただしく賑かに日本のルッボに飛びこんできた。小賢しい商人はそれらをたちまち風俗化して金儲けに利用し、マスコミもまた、それらの真の心情を伝えることなく風俗としてとらえる。私をとりまく日本の環境は、経済成長最優先の政策目標に向って狂気の沙汰で暴走、ナリフリかまわず世界に挑んでいった。良くも悪くも、多くの矛盾と相剋をものともせず爆発する日本人のエネルギーは不可解であった。私は身をすくめて傍観した。

5

一九七〇年、私は新聞の求めに応じて、回想記風の文章を連載した。私は過去に執着する気のない人間だけれど、私たち大正人間が体験した事実を過去のものとして追いやってしまうには、あまりにも犠牲が大きく、その意味では大正人間の発言は執拗でなければならず、満五十五歳を期に折り目切り目をつける意味で書いてみた。そして、次の時代にのめりこんでゆきたいと考えた。

一九七一年には撮影目的なしに北海道から九州まで、各地を見聞して歩く。一九七三年、新聞に「グラフジャーナリズムの挫折」を書く。世界に残された自然撮影開始。まずヨーロッパ大陸、つづいて北米大陸を撮影。

一九七四年十月十二日午前十時、私は地球の最高峰八八四八メートルのエヴェレストを高度九六〇〇メートルから撮影した。搭乗機はスイス製の山岳飛行適性ある小型プロペラ機。パイロットはスイス人エミール・J・ウイック。カトマンドゥ空港の地上気温二十七度、エヴェレスト上空気温マイナス二十三度。強い偏西風、計測不能。快晴。前夜、初対面のエミールとの打合わせでピラタスポーターのドアを開けて撮影することになった。ヒマラヤ、アルプスの山岳飛行のベテランパイロットの彼もテストパイロットとして高度一万メートル以上飛んだことはあっても、ヒマラヤ上空で高高度、しかもドアを開けての経験はない。危険度は、「フィフティ・フィフティ」だという。

四十五年間、私はさまざまな撮影をしてきた。爆発する火山や、火口内への低空飛行や、未知の氷河行や、極寒の知床沖流氷への着陸や、自然ばかりではなく人間の危険地域にも、撮りたい一念で飛び込み撮影してきた。軽々しくはいえないが、今度こそは、命を張って、という決意で飛んだ。

「オープン・ザ・ドア」は成功した。そして、エヴェレストをストレートに見、ストレートに撮った。旋回を繰り返し、高度を下げ、風圧を避けたところで、思わず二人は親指を突きだし「オーケー・ダンケシェン」「オーケー・ビッテシェン」と叫んだ。二人とも頬がこわ張り笑顔にはならなかった。

わが生涯の最高の感動だった。

世界に残された自然の撮影にあたって、私は『日本列島』の時とは別の考えになっていた。私の乏しい知識や学力では到底、世界の自然を科学的な眼で捉えることは困難で、これまで生きてきた濱谷浩の眼で捉えることにした。もし現場にゆき、撮影不可能ならば、見るだけでもいい。

私は職業とはいえ、長い事、人に見せるための撮影に専念してきた。時には、世のため人のためみたいな思い入れで撮ってきた。だが、いま振り返って考えると、それはそうに違いないのだけれど、私という人間は、写真を撮ることが生きていることで、生きていることは写真を撮ることで、ともに私の生の証しであった。

一九七五年、再びアルプス、ヒマラヤに飛び、オーストラリア大陸を馳けずり回り、南太平洋を撮影。一九七六年、グリーンランド。一九七七年、ハワイ。一九七八年、三度目のヒマラヤ行。北米から南米大陸縦断、南極半島の撮影行。一九七九年、トルコ、サハラ沙漠を車で撮影行。サハラは精神肉体あわせて、わが生涯最悪の条件の中での撮影だった。一九八〇年、四度目の中国撮影行となった。南極も含めて、六大陸に歩を進めたことになる。

HIROSHI
19

# 大磯の家

撮影　永禮賢

それにつけても、日本の自然も町も家も、目につく環境は薄汚なく、清潔の民がどうしてこんなことになってしまったのか。せめて身の回りだけでも整えたいものと、六四年一月、自分の家を建築することにした。同じ大磯で、だいぶ前に私が選んでおいた借景の素晴らしい格好の土地に、私たちが敬服していた六十三歳の昔気質の棟梁、大米さんと相談しながら普請《ふしん》をはじめた。

物事に熱中するということがわりあいすくない私だが、今回の家造りには本気で熱中した。女房と恋愛したときより熱中した。モノを創るということがこんなに嬉しいこととは知らなかった。不器用で無精な私は、モノを創ることがめったにない。こどももつくれない始末であった。私の写真は創るというより、発見する仕事であるし、せいぜい写真集を造本するときが、モノを創るという感じなのであった。

HIROSHI
20

夫婦で玄関の上《あが》り框《がまち》から便所の障子の寸法割りまで図を引いた。座敷と茶室は京間、茶の間や寝間が関東間、納戸をコンクリートにしたのでメートル法と、三種類の寸法がひと棟のうちに取り込んである。これは面倒なことだった。建前のときピタリと合って、棟梁も私たちもほっとした。

建築で面倒なのは材料集めだった。知人の紹介で奈良の桜井市に吉野材を買いに行った。いまどき、建主が自分で木を買いにくるなんて珍しいといって親切に取り計らってくれた。ここの檜《ひのき》材は鉋《かんな》が効くと幼児の肌にも似て美しい。桜の花びらの色と艶ともいえる。吉野の山の人工林に育った木だが、ここの木には日本人の心が沁みこんでいる。木を愛する人でなければ造れない材だと、つくづく思う。

それにつけても、目下大売出しの新建材の粗末なことは情けない。材質の善し悪しもさまざまながら、柄の悪さはやりきれない。製品に人の心が入っていない。これはまったくニセモノづくりのアイデアから出発しているところに根本的な狂いがあるような気がする。

福縁隨處
HIROSHI
21

HIROSHI
22

東京の木場も時の流れで新建材を並べた店が多い。そんな中で本建材を並べたてた一軒に入った。さすがに気に入った材があった。棟梁が値引きを交渉したが、ガンとして負けない。私はその主人の頑固なところが気に入って買うことにした。二度目からの注文にはえらく勉強してくれた。おもな材木は桜井と木場の、人と人との心のつながりで間にあった。みんな木を愛している人たちだった。

建築の材料でひどいのは襖《ふすま》の柄と板ガラスのデザイン、それに照明器具も悪趣味がはびこっている。安っぽい料理屋かキャバレー向きみたいで家庭向きのはすくない。要するに、私流にいえば、ホームバアなどが流行して、飲み屋と家庭のケジメがあいまいになったように、住宅の設計も建築の材料もあいまいなものが多くなったのだと思う。

新建材を一切きらって、仕事場以外は純日本式にした。大工職、瓦職、左官職の下働きを手伝って、同じように技術で生きる人間として教えられることが多かった。

至極平凡だが心身ともに居心地のいい家ができ、六五年暮れ、未完成の新居に移り、新年を迎えた。その間に私と家内の母がつづいて永眠、私たちが心をこめて建てた家にしばらくは住んでほしかったが、せんかたない。われらが生涯の最大の心残りであった。私の苦しい写真の道の苦しみを共に背負ってくれ、生涯人のためにつくした古風な母だった

『潜像残像』一九七一年(九一年改訂)

HIROSHI 23

HIROSHI
24

HIROSHI
25

ORIENTAL
photographic paper

# 逆引き図像解説

HIROSHI 1
**『カメラアート』表紙のために**　一九四〇年　17頁
二十五歳頃のフリーランス写真家時代。この年、新潟・桑取谷に伝わる小正月の行事を初めて取材した。

HIROSHI 2
**アワラの田植**　富山・白萩　一九五五年　19頁
ワラ屑を巻き、ボロ着をまとい、泥沼に胸まで没して苗を植える女性。田からあがる瞬間を撮影。『裏日本』

HIROSHI 3
**「HAMAYA'S JAPAN」ポスター**　一九六九年　21頁
アメリカでの個展はニューヨークで幕を開けて全米を巡回。『NYタイムズ』が3回にわたって紹介した。

HIROSHI 4
**棟方志功**　一九五一年　22頁
板画家・棟方とは何度も交流した仲。街で会えば、「ヤア、ハマヤさん」と抱きつかれた。『學藝諸家』

HIROSHI 5
**ウルムチの少女**　一九五六年　25頁
新疆ウイグル自治区の主都ウルムチ。レンズ交換の秒間すら惜しんで町中を撮った。『辺境の町ウルムチ』

HIROSHI 6
**産毛を剃る女**　広州　一九五六年　27頁
絹糸を巧みに操り、産毛を剃る街頭美容院の女性。各地で「ふだん着の中国」を撮影した。『見てきた中国』

HIROSHI 7
**日本劇場**　東京・有楽町　一九三八年　29頁
二十代前半はモダン東京の市井や風俗を撮り歩いた。浅草では花月劇場などの舞台・舞台裏を取材している。

HIROSHI 8
**特使の車を囲むデモ隊**　東京・羽田　一九六〇年　30頁
安保闘争を独自で撮影。パリ・マグナムを通してヨーロッパ十数ヶ国で報道された。『怒りと悲しみの記録』

HIROSHI 9
**エヴェレスト山**　ネパール　一九七四年　33頁
9600m上空で飛行機の乗降用ドアを開けた果敢な航空撮影。「生涯最高の感激」と回想した。『地の貌』

HIROSHI 10
**濱谷朝の茶の点前**　一九四九年　35頁
妻・朝とは新潟・高田にて茶の初釜で出会い、一九四八年に結婚した。仲人は堀口大學夫妻。『女人暦日』

HIROSHI 11
**自邸の写真ボード**　36頁
交遊のあった写真家R・アヴェドン、F・グルーバー（フォトキナ創設者）、マグナムの仲間の写真が並ぶ。

HIROSHI 12
**コンタクト「會津八一」**　39頁
撮影した膨大なフィルムは自宅に置かれ、手貼りのコンタクト（密着）で整然と管理された。

HIROSHI 13
**サハラ沙漠の撮影**　アルジェリア　一九七九年　40頁
砂丘列がつらなるエルグ地帯。道なき砂地を車で進み、野営の撮影行をつづけた。（撮影：白野民樹）

HIROSHI 14
**桑取谷の笠原彦兵衛宅門前で**　一九四五年　42頁
召集解除の翌冬、新潟・桑取谷の定宿だった笠原宅門前で。豪雪が屋根を覆っている。（撮影：笠原彦兵衛）

HIROSHI 15
**『裏日本』撮影開始**　新潟・松ヶ崎　一九五四年　54頁
新潟にはじまり、青森から山口まで、日本海沿岸の12府県を3年間で数十回にわたって歩いて取材した。

HIROSHI 16
**かまくらにお呼ばれされて**　秋田・横手　一九五八年　70頁
撮影の折に子どもたちに招かれて雪洞へ。翌年から『婦人公論』で「こども風土記」の連載がはじまる。

HIROSHI 17
**上：全米撮影行のルート　下：旅に使用した車**　106頁
写真集『AMERICAN AMERICA』は70日間アメリカ一周自動車旅行の記録。使用した車はジェットスター88。

HIROSHI 18
**私の手**　一九七八年　118頁
フジCBカラーコピーマシンで自身の手を複写。「この年の身長167㎝、体重55kg」と書き綴っている。

HIROSHI 19
**書斎に飾られた「ピカソのふくろう」**　136頁
ルネ・ブリから貰ったオリジナル・プリントを飾った。

HIROSHI 20
**庭から眺めた京間の座敷**　140頁
自ら設計し、図面を引いた家は4年がかりで完成した。

HIROSHI 21
**書軸『福縁随處』が掛かる床の間**　142頁
床の間は直筆書とアフリカンスツールの取りあわせ。

HIROSHI 22
**茶室「寸雪庵」の壁**　143頁
聚楽土の引きずり壁と生漉きの越前和紙の腰張り。

HIROSHI 23
**広縁のロッキングチェア**　146頁
庭が見える茶の間の広縁。床には愛用の煙草盆。

HIROSHI 24
**囲炉裏の間**　147頁
小上がりの三畳間。ここでよく写真の選定をしていた。

HIROSHI 25
**世界各国の帽子が掛かった梁**　148頁
撮影先で気に入った帽子を見つけては買って帰った。

HIROSHI 26
**写真現像室**　150頁
自邸中央。フォコマートの引き伸ばし機を愛用した。

## 『雪国』収録作品

**ホンヤラ洞にゆく子ども**　新潟・十日町　一九五六年　47頁
小正月の行事で、雪のかまくら「ホンヤラ洞」に向かう子どもたち。洞に火鉢を持ちこみ、子ども同士で会食をするのが習わし。大人は招かれて客分になる。

**記録的豪雪**　新潟・高田　一九四五年　48頁
測候所開設以来の記録的な豪雪となった高田。来る日も来る日も雪が降りつづけた。屋根の高さまで積み上がった雪道を子どもたちが通学する。

**小正月の若木迎え**　新潟・桑取　一九四〇—四六年　50頁
正月に初めて山へ木を伐りにいく儀式を「若木迎え」と呼ぶ。正月十一日、1軒から男1人が山仕事の身支度で家を出て、アキの方（恵方）に向けて歩きだす。

**村の子ども**　新潟・桑取　一九四〇—四六年　51頁
桑取谷西横山は西浜七谷の谷間にある当時25軒の小さな部落。手を合わせる子どもをカメラに収めた。

**歌ってゆく鳥追い**　新潟・桑取　一九四〇年　52頁
小正月に小若衆の男の子たちが「コーリャ　どこの鳥追いだ　ダイロウドンの鳥追いだ」と歌って雪道を歩く。マグネシウムの閃光粉を発火させて夜間撮影をした。

## 『裏日本』収録作品

**部落に来た尼さん**　青森・竜飛　一九五五年　60頁
竜飛の冬。離れた部落の尼寺から日蓮宗の尼僧が団扇太鼓を叩きながらやってきた。紙芝居屋も飴屋も来ない部落。子どもたちは音にひかれてついて廻った。

**雁木**　新潟・十日町　一九五六年　61頁
雪よけの庇である雁木（がんぎ）をたよりに、雪下駄を鳴らして歩く人々。すれ違い際に挨拶を交わしている。屋根から降ろされた雪が軒よりも高く積もった。

**海の家族**　秋田・男鹿半島　一九五五年　62頁
荒天で多くの船が陸揚げされ、閑散とした港。帰港した一艘の船を、赤子を背負った嫁や妹たちが出迎えて、親子総がかりで黙々と陸に引き揚げている。

**停留所**　石川・指江　一九五五年　64頁
一日に数本しかないバスを待つ村人。停留所は5本の丸太を組んでワラを巻きつけた三角帽子のような姿。河北潟の西風を防ぐために入口は東を向いている。

**稲刈り**　山形・酒田付近　一九五五年　65頁
米どころの庄内で、虫除け、日除け、汗止めのためにハンコタンナと呼ばれる被り物をして稲刈りをする女性。

**山の湯治場**　青森・谷地温泉　一九五七年　66頁

1坪半ほどの浴槽に32人が入浴する。親の代からゆきつけの常宿に集まった人々が、湯につかりながら作物の出来や政治の話題を賑やかに喋る。

**雪に暮れる部落**　青森・竜飛　一九五五年　68頁

岬の突端から見下ろした津軽の部落。この日は風や波がおさまり、音もなく雪が降っていた。雪も岩も海も鉛色をしていたと濱谷はこの風景を描写している。

**農家の子**　青森・横内　一九五五年　69頁

モリカゴ、エヅメなどと呼ばれる赤子入れ。底に籾殻を敷き、ワラシベ、ムシロなどを重ねるのが本式だが、この乳のみ子はありあわせの行李に入れられていた。

## 『AMERICAN AMERICA』収録作品（一九六七年撮影）

**New York City; 7th Avenue 33rd Street.**　111頁

70日間アメリカ一周自動車旅行は、一九六七年三月八日にニューヨークからスタートした。次いで東部海岸を縦走し、北米大陸を時計回りのルートで進んだ。

**New Orleans; Bourbon Street.**　112頁

ニューオリンズの名所バーボンストリートで。ポスターの「Linda Brigette」はバーレスクのトップスター。夜はオールド・アブサンハウスでジャズに酔いしれた。

**San Francisco**　115頁

パンハンドル・パークで催されていたヒッピーの集会で出会ったインディアン・スタイルの娘。サイケデリック音楽が熱演されるなか、多くの若者と交流した。

**Neah Bay; Makah Indian Reservation.**　116頁

ワシントン州西北端のニア湾で。一帯はインディアン保留地。朽ちかけたペンキ塗りの木造家屋のポーチで、狼のような3匹の犬が仔犬を連れて辺りを窺っていた。

**Fabens; Tumble Weeds.**　117頁

テキサス州の無人のハイウェイを走行中に発見した「転がり草」。トゲのある枯れ草が風に吹かれて転げ、からみ合い、雪だるま式に大きくなっていた。

この人

濱谷《はまや》浩《ひろし》

写真家（一九一五〜一九九九）

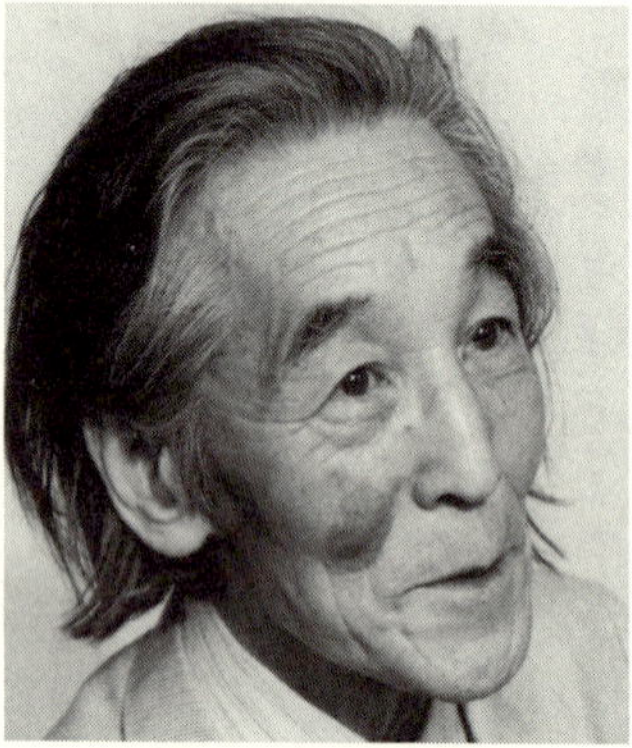

東京生まれ。オリエンタル写真工業を経て、一九三七年、フリーの写真家になる。四〇年頃から民俗学に傾倒し、日本海沿岸の農村、漁村のくらしを撮影。五七年、『裏日本』を発表する。六〇年、アジア初のマグナム・フォト寄稿写真家となり、日米安保闘争を取材。その後、南極やサハラ砂漠など世界各地の自然を撮影した。国際的な評価も高く、『今世紀の偉大な写真家たち』（F・グルーバー著）に選ばれている。大磯の私邸は、自ら設計し、図面を引いて四年がかりで完成させた。

## あの人

# 桑原甲子雄・ブレッソン・濱谷 朝

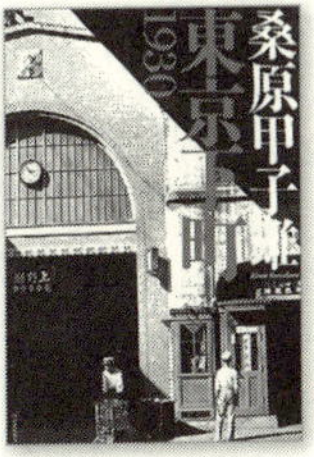


撮り歩きの仲間

敬愛する写真家

茶の心で生きた妻

**『東京下町 1930』**
桑原甲子雄著（河出書房新社）
幼馴染で東京を一緒に撮り歩いた。二人で同じ場所を撮影することも珍しくなかった。二十歳の時、濱谷は桑原からライカC型を譲り受けている。

**『ポートレイト 内なる静寂 アンリ・カルティエ＝ブレッソン写真集』**
アンリ・カルティエ＝ブレッソン著（岩波書店）
「決定的瞬間」という言葉を遺した巨匠写真家によるポートレイト集。「濱谷浩の作品には、どんな注釈も必要ない」と讃え、深く親交した。

**『女人日日』**
濱谷 朝著（文化出版局）
茶の心で生き、やりくり女房として家を守った妻・朝。「着る算段」「食べる知恵」「住む工夫」など日々のくらしを丹念に綴ったエッセイ集。

◉本書に収録した作品は以下を底本としました。
『雪国』（一九五六年　毎日新聞社／改訂復刻版　一九七七年　朝日ソノラマ）
『裏日本』（一九五七年　新潮社）
『こども風土記』（一九五九年　中央公論社）
『AMERICAN AMERICA』（一九七一年　河出書房新社）
『濱谷浩写真集成　地の貌』（一九八一年　岩波書店）
『潜像残像　写真体験60年』改訂増補版（一九九一年　河出書房新社）

---

◉「くらしの形見」収録品・本文図版　所蔵＝濱谷浩写真資料館
◉「大磯の家」　撮影＝永禮賢

MUJI BOOKS 人と物 9

濱《はま》谷《や》 浩《ひろし》

2018年12月1日 初版第1刷発行

著者 濱谷 浩

発行 株式会社良品計画

〒170-8424
東京都豊島区東池袋4-26-3
電話 0120-14-6404（お客様室）

企画・構成 株式会社良品計画、株式会社EDITHON

編集・デザイン 櫛田理、広本旅人、佐伯亮介

協力 片野恵介、多田亞生

印刷製本 シナノ印刷株式会社

ISBN978-4-909098-14-6 C0195


価格は裏表紙に表示してあります。
乱丁・落丁本は、小社お客様室あてにお送りください。
送料小社負担でお取り替えいたします。

MUJI BOOKS

# ずっといい言葉と。

少しの言葉で、モノ本来のすがたを
伝えてきた無印良品は、生まれたときから
「素」となる言葉を大事にしてきました。

人類最古のメディアである書物は、
くらしの発見やヒントを記録した
「素の言葉」の宝庫です。

古今東西から長く読み継がれてきた本をあつめて、
MUJI BOOKSでは「ずっといい言葉」とともに
本のあるくらしを提案します。